MADAME,

DUCHESSE D'ANGOULÊME,

A L'ILE BARBE,

PRÈS LYON.

MADAME,

DUCHESSE D'ANGOULÊME,

A L'ILE BARBE,

PRÈS LYON.

NOTICE SUR CETTE ILE,

ET

DESCRIPTION HISTORIQUE

DES DEUX RIVES DE LA SAÔNE QUE CETTE PRINCESSE A PARCOURUES
DEPUIS L'ILE BARBE JUSQU'A LYON.

DÉDIÉ A MADAME.

A PARIS,

Chez L. G. MICHAUD, IMPRIMEUR DU ROI,

RUE DES BONS-ENFANTS, N°. 34.

M. DCCC. XIV.

A SON ALTESSE ROYALE

MADAME,

DUCHESSE D'ANGOULÊME.

MADAME,

Daignez accueillir avec votre inexpri-
mable indulgence et votre touchante
bonté les notes historiques dont vous
avez bien voulu me permettre de faire
aujourd'hui l'hommage à Votre Altesse
Royale ; elles ont pour motifs tous les
objets dignes d'attention qui se sont
trouvés sur son passage depuis Lyon

jusqu'à l'île Barbe, où l'accompagnèrent les vœux d'un peuple immense, et où, comme partout ailleurs, il attendait Votre Altesse Royale pour faire éclater son amour.

Ces notes vous auraient été inutiles, Madame, dans votre petit voyage sur la Saône; entourée de ce qu'il y avait de plus instruit et de plus distingué, on n'a pas négligé de vous décrire, Madame, et de vous faire remarquer tout ce qui méritait de l'être. Mais, éloignée à présent de ces rives enchantées, si Votre Altesse Royale daigne retracer à sa mémoire ces contrées si heureuses de l'avoir possédée, chaque lieu, chaque site, chaque trait de ces notes vous retraceront, Madame, une scène intéressante, dont Votre Altesse Royale a été l'objet et le témoin; oui, chaque page, Madame, vous rappellera l'expression des sentiments unanimes du peuple Lyonnais.

Heureux si, parmi ces souvenirs précieux, Votre Altesse Royale daigne placer l'hommage qu'ose lui faire aujourd'hui un vieux et fidèle serviteur et sujet de sa Majesté et de toute son Auguste Famille!

Je suis, avec respect,

MADAME,

DE VOTRE ALTESSE ROYALE,

Le très humble et très obéissant
serviteur,
LE Mis. D'AVEZE (MAZADE).

NOTICE

SUR L'ILE BARBE.

NOTICE

SUR L'ILE BARBE.

CETTE île stérile, inculte et sauvage portait, dans des temps très reculés, le nom
d'*Hoya*. *Le Laboureur*, dans son excellent
ouvrage sur les masures de l'île *Barbe*, prétend qu'elle prit ce nom de sa forme qui res-
semble à une *oie* à laquelle on a coupé le
col. Quoi qu'il en soit, elle ne fut plus connue dans la suite sous cette dénomination.
Les bois, les épines et les ronces dont elle
était couverte la firent appeler *Barbare*,
d'où est dérivé, par syncope, le nom de
Barbe qu'elle porte aujourd'hui.

Quelques historiens rapportent qu'autrefois les druides choisirent l'île Barbe pour
y placer un temple et célébrer leurs mys-
tères ; ils ajoutent que c'est du bois de cette
île que ces prêtres partaient avec un grand
appareil, tous les premiers de l'an, pour

aller en Dauphiné chercher le *gui de chêne*, qu'ils déposaient, en revenant, dans le faubourg de la Guillotière.

Ces temps sont trop éloignés, et la tradition de ces faits trop peu certaine, pour que nous osions en garantir la vérité. Nous nous contenterons de rapporter ceux qui sont d'une telle notoriété, qu'on ne peut les révoquer en doute, ainsi que ceux qui se sont passés de nos jours, et qui ont contribué à l'illustration de cette île.

Lors de la première persécution contre les chrétiens, arrivée à Lyon en 203, sous le règne de Septime-Sévère, Étienne, Perregrin et Dorothée, échappés à la fureur de ce prince, vinrent se réfugier au milieu des broussailles de l'île Barbe, et ils établirent un petit oratoire sous le vocable de S. André, à la pointe et au nord de cette île. Quelques chrétiens, assez heureux pour s'être arrachés comme eux aux cruautés de Septime, allèrent les joindre dans cette triste retraite. Ils coulèrent ensemble des jours paisibles dans la pénitence et dans la prière. Après la mort d'Étienne, Perregrin et Dorothée, leur communauté, qui s'était accrue de leur vivant, et qui s'accroissait encore tous les jours davantage, fit bâtir, à très peu de distance du premier oratoire, un monastère qui commença à prendre beaucoup de consistance, et auquel S. Martin, qui s'y retira dans la suite, donna une haute considération. On voit encore les rochers qui lui servirent de demeure, et où il resta long-temps caché.

Tout près de ces rochers, vécut aussi le vénérable S. Loup, à qui fut dédiée cette superbe basilique qu'on voyait, avant la révolution, dans l'île : elle attira, pendant plusieurs siècles, un concours journalier et nombreux de fidèles, et devint ensuite l'église de cette fameuse abbaye connue sous le nom d'*Abbaye de l'île Barbe*.

Cette abbaye se rendit célèbre par une multitude d'hommes recommandables par leur érudition et leur piété : de ce nombre fut l'abbé Hogier, qui, l'an 840, fit bâtir au bord de la Saône une petite chapelle en l'honneur de la Ste. Vierge, dont on voit encore le clocher et une partie de la nef. Ils ont été réparés depuis peu et rendus au culte de Marie.

C'est aux religieux de l'île Barbe que les

côteaux, les campagnes qui l'environnent, que l'île même durent leur défrichement, et cette population, cette culture qui font la richesse et le charme de ces contrées.

Rien n'est comparable, en effet, à la délicieuse situation de l'île Barbe et des villages circonvoisins. *Charlemagne*, qui en entendit parler, voulut la connaître; il n'en eut pas plutôt vu la position, qu'enchanté de ce séjour, il forma le projet de venir s'y livrer au repos et à la retraite; en conséquence, il y fit recueillir, pour son usage, une bibliothèque magnifique dont il n'eut pas le bonheur de jouir : elle était connue sous le nom de *Librairie de Charlemagne*. On y voyait les manuscrits les plus précieux, parmi lesquels il en était d'écorces d'arbres du Nil. Cette bibliothèque, confiée aux religieux de l'abbaye, fut pillée et brûlée, ainsi que leur monastère, en 1562.

Quelques édifices religieux avaient survécu jusqu'à la révolution française dans l'enceinte de l'île Barbe ; mais depuis lors il ne lui reste plus de son antique splendeur, que les seules choses qu'on n'a pu lui ravir : une forme pittoresque, un site charmant et une vue enchanteresse.

Cette illustre abbaye , cette maison que fit bâtir le plus puissant des monarques, un des plus illustres de nos rois, pour y renfermer les plus précieux dépôts littéraires, sont devenues l'apanage de froids spéculateurs, peu sensibles aux beautés de l'art, au respect que l'on doit à la religion et à la mémoire des grands hommes. Ils ont dégradé ou détruit, soit par intérêt, soit par goût ou par ignorance , des lieux faits pour retracer les souvenirs les plus mémorables et les plus sacrés.

Ces églises arrosées du sang d'une foule de martyrs, ces saintes basiliques, ces monuments des arts autant que du zèle et de la piété des fidèles ; ces temples qui retentissaient des louanges à l'Eternel, ces cloîtres dont les laborieux habitants fécondaient, par leurs prières et leur industrie, les rives du fleuve qui les entourait, ne présentent plus à l'œil avide de l'observateur que des masures, des décombres, des ruines respectables encore, mais qui seront bientôt la proie d'un égoïste acquéreur qui en fera disparaître pour jamais jusqu'à la dernière trace.

Une seule de ces antiquités semble s'être

conservée, comme par miracle, dans cette île presque déserte aujourd'hui : c'est le château ou *Maison de Charlemagne*. J'en ai parcouru les dehors avec un respect mêlé d'attendrissement ; et j'ai regretté, en les parcourant, que MADAME, duchesse d'Angoulême, dans sa promenade à l'île Barbe, ne les ait pas visités : comme moi, elle eût vu sans doute avec intérêt l'asyle dont avait fait choix, pour sa retraite, un prince qui éleva la France au plus haut degré de puissance et de splendeur.

Elle eût pensé peut-être, comme moi, que cette île que voulut habiter Charlemagne, et qui faisait partie de ses domaines, devait rentrer dans celui de nos rois ses successeurs, et, sous leurs auspices, être rendue à son honorable destination (1).

---

(1) J'oserais proposer que S. M. voulut bien permettre à la ville de Lyon, d'ouvrir une souscription pour le rachât de l'île Barbe en entier, et pour la reconstruction du monument religieux qu'elle renfermait.

J'oserais proposer que la nouvelle église de St.-Loup fût, comme l'ancienne, consacrée aux dévotions, qui attiraient autrefois la multitude des fidèles dans cette île.

Les habitants de Lyon font chaque année

Je proposerais que la maison présbytérale de cette église, bâtie à côté, sur les fondements de l'ancien monastère, devînt l'asyle et la retraite de tous les Curés et Desservants du département du Rhône, que leur âge ou leurs infirmités rendraient incapables de continuer à remplir leurs fonctions.

Je proposerais que cette église fût desservie par ces respectables ministres des autels, et que le produit des dons et des offrandes fût employé à pourvoir à leur existence et à leur traitement.

J'oserais proposer enfin, que la petite chapelle dédiée à la Vierge, que fit construire l'abbé Hogur, en 840, sur les bords de la Saône, fût rendue à la dévotion des patrons et matelots navigant sur cette rivière; qui ne passaient jamais autrefois devant ce temple modeste de Marie, sans lui offrir leurs vœux et leurs offrandes.

Oui... je ne crains pas de l'assurer (parce que je le pense, et que je crois connaître l'opinion des Lyonnais), si cette proposition était accueillie par le plus religieux des Monarques et le plus sage des Rois, peu d'années suffiraient pour voir relever ces édifices sacrés qui tombèrent sous la faux révolutionnaire, et dont la destruction a subitement porté dans ces riches campagnes l'oubli de la religion. De tous les principes de moralité, et par conséquent de bonheur, oui, ces bords heureux retentiraient encore des cantiques divins, et tous les chrétiens qui toucheraient le sol de cette île fortunée, se rappelleraient avec attendrissement de l'époque mémorable où la plus vertueuse des Princesses vint la visiter, et béniraient le nom du Prince chéri qui aurait relevé ses autels.

(les uns par eau , les autres par terre) une promenade brillante à l'île Barbe, à deux époques différentes ; savoir : le lundi et le mardi de Pâques ; le lundi et le mardi de la Pentecôte : peut-être la piété fut-elle originairement la cause de ces fêtes, devenues tout-à-fait profanes aujourd'hui. Il est probable cependant qu'elles ne sont que l'extension d'une cérémonie remarquable qui avait lieu, au 14e. siècle, un jour déterminé entre ces deux époques.

Des contestations s'étaient élevées en 1595 entre le roi Charles VI et le comte de Savoie, sur la propriété du rivage de la Saône, du côté de la Bresse, lequel n'appartient à la France que depuis 1601. A l'occasion de ces difficultés, le maître des ports et les sergents du roi, conduits par quelques magistrats, imaginèrent d'aller chaque année, le jour de l'Ascension, à l'île Barbe par eau, avec enseigne et tambours, pour arracher de la rivière l'écusson de Savoie que les officiers de Bresse y plantaient la nuit précédente, et poser à sa place celui de France, afin de montrer que d'un bord à l'autre la Saône appartenait au roi : enjoués de cette facile conquête, ils revenaient au bruit des instruments et à la lueur des feux d'artifice, tellement qu'il semblait, suivant la comparaison de l'historien Rubis, *que la rivière de Saône fût un nouveau Mont-Gibel.*

Cette fête avait encore lieu dans le 16e. siècle.

Les fêtes d'aujourd'hui sont purement champêtres : c'est un hommage au printemps, au renouvellement de la belle saison, que le peuple s'empresse de venir offrir lorsque la verdure et les fleurs commencent à paraître.

Lorsque Pie VII, croyant avoir donné au rétablissement de notre sainte religion une garantie solide, s'arrêta à Lyon, il visita l'île Barbe. La traversée de ce pape sur la Saône fut un triomphe pour notre culte dans la personne du vénérable pontife. Les deux bords de la rivière, depuis Lyon jusqu'à l'île, furent couverts de la population entière de la ville et des campagnes. L'empressement, le silence respectueux de tous, les larmes de joie et de repentir de plusieurs, tout annonçait le prix que chacun attachait à se trouver sur le passage du Saint-Père, à se rendre digne de ses bénédictions, et du bonheur de les obtenir.

Mais un spectacle bien touchant, et, s'il est possible, plus rempli de charmes pour le peuple lyonnais, c'est celui que vient d'offrir la présence de cette illustre princesse si chère à tous les Français. C'est par le détail simple, exact et vrai de tout ce qui s'est passé lors de la visite de MADAME, duchesse d'Angoulême, à l'île Barbe, que nous terminerons cette Notice.

Le dimanche 7 août 1814, MADAME, duchesse d'Angoulême, a été, par eau, faire une promenade à l'île Barbe, àcinq heures et demie du soir; elle s'est embarquée au port de Serin, à Lyon, sur une gondole préparée pour cette Princesse, et décorée avec la plus noble simplicité. Cette gondole était suivie de plusieurs autres que montaient des amateurs de musique, dont les instruments et les chants d'allégresse faisaient retentir l'air; des batelets sans nombre couvraient la rivière : tous à l'envi se disputaient le bonheur de se faire entendre et d'approcher la royale nacelle. Un peuple immense occupait les deux rives. Les acclamations et les cris de joie étaient répétés par ces vallons, délicieux sur ces coteaux si variés qui bordent la Saône ; toutes les sommités , toutes les maisons , tous les arbres dont ces bords sont couverts , étaient peuplés d'une infinité de spectateurs qui élevaient les mains au ciel , et appelaient sur cette auguste Fille de nos Rois les bénédictions que ses vertus et ses malheurs lui ont méritées. C'est au milieu de ce concours général , de cet enthousiasme unanime, que MADAME, duchesse d'Angoulême, a traversé la plus belle partie des environs de Lyon , depuis cette ville jusqu'à la pointe de l'île Barbe, où elle a pris terre.

MADAME a été reçue au milieu des bons villageois. Là , point d'apprêts dans les discours , point d'art dans les décorations , point d'étude dans les manières : les charmes séduisants de la nature , l'éloquence du cœur, le langage du sentiment; voilà ce qui s'offrit à cette princesse dans cette fête champêtre. Les maires , les pasteurs , les gardes nationales des communes voisines lui servirent d'escorte et de cour.

De jeunes filles vêtues de blanc, les unes portant dans leurs mains des couronnes et des corbeilles de fleurs , en jetaient sur les pas de MADAME; les autres, portant les plus beaux fruits, les déposaient au pied du trône de verdure où la Princesse se préparait à monter. La plus touchante émotion, la plus douce joie éclataient sur la figure céleste de la petite-fille de Henri IV; et lorsque le sentiment dont elle était pénétrée lui permit d'ouvrir sa bouche divine, il en sortit ces paroles si flatteuses pour toute la contrée : *C'est aujourd'hui le plus beau jour de ma vie.*

Heureux habitants de l'île Barbe, de Saint-Rambert et des lieux circonvoisins, vous les avez entendues ces paroles : elles ne sortiront plus de votre cœur ; elles passeront dans celui de vos enfants ; votre postérité les recueillera avec le même zèle ; elles seront conservées avec le même respect qui anime la France entière, si heureuse de répéter sans cesse toutes celles du meilleur des Rois !

Les courts instants que passa MADAME à l'île Barbe, furent remplis par des témoignages de respect et d'amour ; l'affectueuse et noble simplicité avec laquelle ils furent exprimés n'eut pas besoin d'indulgence auprès de ceux qui savent distinguer et apprécier les impressions de l'ame et les véritables sentiments du cœur.

M. le maire de Saint-Rambert et de l'île Barbe, au nom de tous les maires des environs, qui l'accompagnaient, porta ainsi la parole :

MADAME,

« Quatre époques mémorables rendront
» cette île précieuse à nos neveux. Les chré-
» tiens persécutés trouvèrent autrefois un
» asyle parmi les rochers de cette île, appe-
» lée alors *Barbare*.

» Charlemagne lui confia le dépôt de ses
» Capitulaires et des manuscrits les plus
» précieux.

» C'est sur ces bords que le très Saint-
» Père le Pape s'avançait dans ces derniers
» temps, répandant des bénédictions sur
» cette même foule immense qui accourt
» à présent sur vos pas.

» Votre Altesse Royale daigne les visiter
» aujourd'hui, et procurer par-là à leurs ha-
» bitants et à ceux des campagnes voisines

» le bonheur de contempler l'auguste Fille
» des Rois les plus chers, et l'occasion de lui
» offrir leurs hommages et leurs vœux pour
» sa félicité, qui sera celle de la France en-
» tière. »

Après M. le maire, M. le curé de l'île, à
la tête de tous ceux des paroisses voisines,
adressa ce discours naïf à S. A. R. :

MADAME,

« Permettez que le curé de Saint-Rambert,
» île Barbe, entouré de ses paroissiens, et
» au nom de MM. les curés du voisinage, ait
» l'honneur de vous présenter l'hommage
» de leurs respects.

» C'est un bonheur pour nous de ce que
» vous daignez embellir par votre présence
» cette île, qui, par son site agréable, offre
» un coup-d'œil riant et flatteur : il nous
» procure l'avantage de vous voir et d'ad-
» mirer, dans votre auguste Personne, les
» traits touchants de bonté, de vertu, de
» bienveillance et d'affection que vous nous
» témoignez,

» Ah ! nous sommes vraiment pénétrés !...
» nous nous estimons heureux d'avoir le bon-

» heur de vous posséder quelques instants,
» et de pouvoir vous exprimer les sentiments
» de joie et de bonheur que nous procure la
» présence d'une princesse chérie, si digne
» de notre admiration et de notre amour. »

Enfin, après le maire et le pasteur, les jeunes filles des villages et des hameaux d'alentour, groupées auprès du trône, célébrèrent par leurs chants les vertus et les attraits de la Princesse: quelques unes d'entre elles se détachèrent pour déposer leurs dons et pour offrir leurs vœux. De ce nombre furent les demoiselles Rusand qui chantèrent les couplets suivants.

Consolez-vous, Nymphes plaintives,
Qui gémissiez dans ce séjour;
Les Plaisirs, bannis de ces rives,
Y vont reparaître en ce jour.
MADAME visite votre île :
Ah! tressaillez d'un tel honneur;
Non, jamais ce charmant asile
Ne reçut plus douce faveur.

Espoir, idole de la France,
Vous qui nous enivrez d'amour,
Que de charmes votre présence
Vient répandre dans ce séjour!

Voyez la foule qui s'agite ;
La Saône en vain défend ses bords,
Le peuple entier s'y précipite,
Et suit vos pas avec transports.

Voyez le plaisir et l'ivresse
Animer ces groupes épars ;
Entendez ces cris d'allégresse
Se prolonger de toutes parts.
D'un zèle égal l'écho s'enflamme,
Et veut répéter à jamais :
Vive le Roi ! Vive Madame,
L'espoir et l'amour des Français !

Les demoiselles *Rusand* s'étant retirées, la jeune *Brangier*, nièce de M. le maire de l'île Barbe, s'avança, et après avoir déposé sur les marches du trône la corbeille de fleurs qu'elle venait offrir, elle dit en regardant Madame et en lui adressant ses vœux :

De toutes parts on vous offre des cœurs ;
C'est le tribut général de la France :
Daignez sourire à celui que l'enfance
Vient présenter avec ces fleurs.

Des hommages si simples, si purs, reçus au milieu des champs, sous des voûtes de verdure; rendus par les habitants des campagnes, dictés par le cœur et offerts par la tendre et timide enfance émurent la sensibilité de MADAME et de tous ceux qui l'environnaient; mais l'émotion de cette Princesse parut redoubler à la scène attendrissante que je vais raconter: elle termina toutes celles dont MADAME fut l'objet et le témoin pendant son séjour à l'île Barbe.

Mademoiselle Santionax, qui s'est consacrée à l'éducation des jeunes personnes et qui demeure sur un des coteaux les plus voisins de l'île, s'était occupée, dès qu'elle avait appris l'arrivée de MADAME, de lui présenter ses élèves. Elle les avait preparées à complimenter cette Princesse. Elle avait donné des soins particuliers à l'une d'elles, âgée de cinq ans, que la nature a douée d'une figure charmante, d'un esprit et d'une grâce précoces. C'est cette jeune plante qu'elle avait imbue de tous les sentiments de respect et d'amour dont elle-même était pénétrée.

Cette aimable enfant, appelée *Colette Say*, fut conduite à l'île. Elle marchait à la tête d'un essaim de jolies enfants comme elle, toutes vêtues de blanc, et portant des corbeilles de fleurs. Celle de Colette se distinguait des autres par une forme, une couleur et un goût différents; elle était couverte et semblait renfermer quelque chose de précieux. Colette s'approcha avec ses compagnes, s'inclina avec une grâce infinie devant la princesse, et lui présenta son hommage en ces termes :

> Quand de votre auguste présence
> Vous daignez embellir ces lieux,
> J'implore un moment d'audience
> Pour vous admirer encor mieux.
> On sait que la timide enfance
> Est accueillie auprès de vous ;
> Comme elle, c'est son innocence
> Qui triomphe au milieu de nous.

A peine Colette avait achevé ces mots, que de la corbeille qu'elle avait offerte à Madame et que cette princesse avait bien voulu mettre sur ses genoux, s'échappent deux blanches colombes apprivoisées qui voltigent autour du trône, et viennent se reposer sur les bords de la corbeille. Ces intéressants oiseaux par leurs regards expressifs, par leurs mouvements doux, quoiqu'empressés , semblaient dans une harmonie parfaite avec la situation où se trouvaient tous les cœurs : ce tableau plein de naturel et de charmes fut apprécié par l'auguste Princesse; elle combla ces enfants de caresses , donna de sa propre main du bonbon à Colette et voulut emporter la corbeille avec les heureux oiseaux (1).

« Madame se rembarque sur sa gondole » après ce dernier hommage : elle était émue, » tout le monde était attendri ; et comme » elle mettait le pied hors de l'île, ce cri du » sentiment, ces mots *adieu* Madame, firent » éclater l'attendrissement général.

» Le soleil n'éclairait plus que les sommités » des coteaux : jamais soirée ne fut plus belle; » depuis le rocher de Pierre-Scize jusqu'à » l'île Barbe, tout était couvert d'un peuple » dans l'ivresse d'une joie douce et pure; les » échos des deux rives retentissaient du nom » chéri , et les mêmes acclamations s'éle- » vaient des barques innombrables qui cou- » vraient la Saône. »

Jamais moment n'eût été plus favorable

---

(1) Le passage suivant est extrait du Journal de Lyon.

pour peindre et décrire ces délicieux rivages.
Mais les souvenirs historiques qu'ils rap-
pellent se trouvaient effacés dans cet instant;
le bonheur dont on jouissait pouvait seul
occuper tous les esprits et tous les cœurs :
c'est par cette raison que je renvoyai après
le départ deMADAME, à visiter les deux bords
qu'elle avait parcourus , dont je joins ici la
description.

DESCRIPTION

HISTORIQUE

DES DEUX RIVES DE LA SAONE.

RIVE DROITE,

DEPUIS L'ILE BARBE JUSQU'A L'HOMME DE LA ROCHE,
VIS-A-VIS LEQUEL S'EST EMBARQUÉE MADAME.

RIVE DROITE.

C'est de l'île Barbe que je m'embarquai, peu de jours après le départ de la Princesse, pour aller visiter les riches bords qu'elle avait parcourus.

J'avais pour compagnon de voyage un homme qui les connaissait parfaitement et qui ne me laissa ignorer aucune des particularités ou des faits qui les concernaient.

Nous doublâmes le cap de l'île, et côtoyâmes la rive droite de la Saône, que nous parcourûmes rapidement jusqu'au bois de Vacq, où nous fîmes notre première halte.

Depuis le point de notre départ jusque-là, nous signalâmes les maisons charmantes de MM. Clavières (1), Baudin (2), Condè-

---

(1) La maison de M. Clavières, située en face de l'île Barbe, est une des plus anciennes et des plus magnifiques en dehors. Le roi Charles IX la choisit pour demeure lorsqu'il vint à Lyon; une inscription qui est assez bien conservée, et qu'on lit sur une des portes, atteste ce que j'avance.

(2) Celle de M. Baudin, appelée *la Mignonne*, réunit aux

re (1), Rambaud (2); les villages de Saint-Cyr, de Saint-Didier, et les coteaux et la petite vallée de la Roche-Cardon. Rien d'aussi frais ni d'aussi varié que ces différents paysages; ce sont autant de tableaux dignes du pinceau de Berghem, de Paul Poter, de Valencienne ou de Hue.

Nous les quittâmes néanmoins pour ce bois charmant dont le peintre inimitable

---

agréments de sa situation tous ceux que la fortune immense du propriétaire et son bon goût pouvaient lui donner : élégance et propreté au-dedans, promenades agréables, jardins anglais charmants, arbres, fleurs et fruits rares au-dehors. Elle a appartenu an maréchal Suchet.

(1) *La Sauvagère,* qui vient ensuite, et qui appartient à M. Condère , est plutôt un château qu'une maison. La magnificence et l'étendue de son parc, la forme de ses bâtiments, tout annonce l'habitation d'un homme puissant : celui qui la possède, quoique très riche , se distingue encore bien davantage par ses qualités et ses vertus que par sa fortune.

(2) La maison Rambeau, quoique moins belle au premier aspect que les autres, a de charmants jardins, un clos très étendu et une position heureuse ; c'est la doyenne de toutes celles de ces contrées ; et, comme tout ce qui tient au bon vieux temps, on la distingue sur les autres.

de la nature (Jean-Jacques Rousseau) faisait ses délices, et où il venait quelquefois rêver à sa Julie ; il en a lui-même gravé le nom sur l'écorce d'un arbre encore fier d'en conserver l'empreinte : une fontaine d'eau pure arrose le gazon, et cette fontaine s'appelle comme Jean-Jacques. Les doux souvenirs que ces lieux me rappelèrent se conçoivent à la vue de ce que la nature leur a prodigué de charmes, mais ils s'affaiblissent par l'idée des maux que nous ont causés les œuvres trop fameuses de ce grand homme (1).

---

(1) Les rochers et les bois de Roche-Cardon font les délices et les charmes de tous ceux qui les connaissent. M. Bérenger, dans ses *Soirées provençales*, M. Petit dans différents ouvrages, en ont fait les descriptions les plus séduisantes et les plus vraies ; mais, ce qui doit les rendre plus précieux, c'est le souvenir de l'homme à qui ils ont appartenu, et dont ils ont pris le nom.

Horace Cardon, gentilhomme lucquois, a si bien servi Lyon, où il était venu s'établir, qu'il est impossible de le regarder comme étranger. Il n'efface pas la gloire des imprimeurs de Lyon, il ne les égale même pas, quoiqu'on ait de lui des éditions assez belles et assez correctes ; mais il poussa si loin son commerce de librairie dans les pays étrangers, et il s'y était acquis une si grande réputation, qu'il devint

Après avoir parcouru ces lieux, attachants
par eux-mêmes et par la célébrité que leur

---

plus riche que tous ses prédécesseurs dans la librairie. On
faisait communément monter son bien à deux millions. Ces
richesses immenses ne sortirent point de la ville où il les
avait acquises ; il les employa à faire éclater sa religion et
son amour pour Lyon.

Les greniers de l'hôpital de la Charité, le puits de la
Grande-rue, sont ses dons ; le collége de la Trinité, le monastère de Blie, les églises et les maisons des Cordeliers et
des Jésuites de St.-Joseph, avant qu'on les eût détruits ou
dégradés, étaient les principaux endroits qui rendaient té-
moignage à sa magnificence ; ils portaient encore ses armes,
qui étaient une tige de carde au naturel.

La fidélité qu'il fit paraître pour Henri IV, dans une occasion importante, lui mérita la bienveillance de ce prince ;
il empêcha un corps de ligueurs d'entrer par la porte d'Ai-
nay : ce fait est énoncé dans les lettres-patentes qui lui furent
accordées en 1605, le 8 octobre. Le roi veut qu'Horace
Cardon soit compris dans les priviléges accordés par lui et
par ses prédécesseurs aux nobles étrangers dans Lyon. Ces
priviléges leur permettaient de négocier en gros sans déroger
à leur noblesse. Cardon fut élevé à l'échevinage en 1610 ; il
possédait alors la terre de la Roche, dont il était seigneur,
et qui ne fut connue depuis que sous le nom de la Roche-Cardon. Sa maison était celle qui fait le coin de la rue Mercière
et de la rue de la Monnaie. Cardon vécut dans le célibat. Son
frère, nommé Jacques, fut échevin en 1636 ; il en est quel-

donna le philosophe de Genève, nous rejoi-
guîmes notre nacelle, et côtoyant la rivière,
nous arrêtâmes nos yeux sur les jolies de-

---

quefois parlé dans les actes de fondation d'Horace. Il épousa
Lucrèce Strozzi ; il fut pourvu de la charge de grand-prévôt
des trois provinces, en 1643.

Laurent Cardon, troisième frère, servit en Catalogne ; il
était capitaine du régiment de Maugiron ; il avait obtenu du
grand-duc de Toscane confirmation et reconnaissance de
son ancienne noblesse, si connue en Espagne et en Italie,
et dont descendent les seigneurs de Cardon.

Cette famille honorable subsiste encore à Châtillon-les-
Dombes, dans les descendants du baron de Sandrans, mort
depuis peu de temps. Il avait été membre de l'assemblée
constituante ; à ce titre, ainsi qu'à beaucoup d'autres, il
avait essuyé des revers affreux pendant la révolution, dont
ses enfants sont aujourd'hui victimes. Mais les principes
qu'ils ont reçus, l'attachement et la fidélité pour leur légi-
time souverain, et pardessus tout, l'exemple et le courage de la plus vertueuse des mères, doivent leur faire es-
pérer un jour un sort aussi heureux que celui de leurs aïeux.

La Roche-Cardon est aujourd'hui au pouvoir d'un homme
estimable (M. Lecourt), qui, après avoir rempli une car-
rière distinguée dans le commerce et dans les fonctions pu-
bliques, a choisi cette délicieuse retraite pour y goûter le
repos mérité par des travaux non moins utiles à ses conci-
toyens qu'à lui-même.

meures de MM. Finguerlin, Scherer, Roques, Boissonet, Osmont, Perroton, Filler, Jordan, etc. (1), et sur les prairies couvertes de hauts peupliers, appelées la Bassette; là, nous nous arrêtâmes de nouveau, et je gravis la sommité du coteau pour aller visiter le superbe château de la Duchère, qui s'y trouve situé.

Cette maison conserve encore des traces de sa magnificence ancienne; mais les bois magnifiques qui l'environnaient ont été coupés, et la maison dégradée; la seule chose remarquable dont on y voit encore des vestiges, est une belle galerie peinte par Sarrabat.

A la Duchère, vinrent encore m'assiéger de tristes et pénibles souvenirs; c'est là que les braves Lyonnais commandés par l'immortel Précy, soutinrent, pendant leur

---

(1) Des volumes ne suffiraient point pour décrire la multiplicité des maisons qui couvrent ce coteau ; je me bornerai à dire qu'il n'en est pas une de celles que je nomme qui ne puisse être, pour un étranger, un motif de promenade délicieuse, et que l'urbanité de tous les propriétaires doit lui donner l'espoir d'y être toujours bien reçu.

dernier siége, le choc de leurs ennemis ; c'est à ce poste que la jeunesse de cette malheureuse cité perdit le plus des siens sans voir jamais ralentir ni sa constance ni son courage (1).

Au-dessous de ce château, on trouve une maison de plaisance appelée *la Claire*, nom dérivé de l'inscription qu'on lisait sur son portail : *Ubique clara*, (Claire ouverte de toutes parts).

André Le Nôtre en a dessiné les jardins et tracé les promenades.

En 1683, elle devint la dernière station de l'exil du cardinal de Bouillon, avant son départ pour l'Italie.

C'est de là qu'il écrivait ainsi à Louis XIV :

« Sire, je vous rends toutes mes charges, » toutes mes dignités, pour reprendre la li- » berté que ma naissance et que ma qualité « de prince étranger me donnent. »

---

(1) C'est à la Duchère que s'effectua une des fameuses sorties des Lyonnais, où ils virent périr à leurs côtés tout ce qu'ils avaient de plus cher, épouses, enfants, pères, mères, sœurs, frères et amis, qui voulaient fuir avec eux.

C'est à la Claire que Henri IV., après les troubles de la ligue, reçut les compliments des autorités de Lyon, et qu'il leur répondit ces paroles remarquables :

« Mes amis, j'ai toujours loué votre fidélité; j'ai toujours cru (quelque débauche et chan gement qu'il y ait eu par mon royaume) que vous étiez Français; vous me l'avez bien montré; l'honneur vous en est demeuré, et à moi tout le contentement qu'un prince peut avoir du service et de l'obéissance de ses sujets : continuez à m'aimer, et je vous ferai connaître combien je vous aime, et que je n'ai rien de plus à cœur que votre repos. »

La Claire est toujours un des beaux lieux des environs de Lyon ; elle conserve ses bois touffus, ses fraîches prairies et ses eaux limpides.

Divers étrangers, et successivement (m'a-t-on dit) des hommes en place, l'ont occupée depuis quelques années, et n'ont fait qu'accroître les agréments qui la distinguent.

Ici finit la campagne, et commence le faubourg de Lyon. Rien n'égale la richesse et la fertilité du coteau qui règne depuis la

Claire jusqu'à Saint-Rambert ; il n'existe pas un pouce de terrein dans tout cet espace, depuis le bord de la rivière et même jusqu'au sommet des montagnes secondaires qui la dominent, qui n'annonce la culture la plus soignée, et la plus heureuse abondance ; à la vérité, l'exposition entièrement au midi, semble prêter à cette prodigalité de la nature ; mais néanmoins on voit que le travail du cultivateur contribue beaucoup à cette fertilité : il est aisé d'apercevoir que le sol n'a pas infiniment de fond dans cette partie, puisque les rochers et le sable se trouvent presque partout.

La manière dont ce coteau est meublé ne mérite pas moins l'attention de l'observateur ; une multitude innombrable de maisons de plaisance qui s'y trouvent répandues, atteste que le Lyonnais sait parfaitement allier le goût du luxe et des arts, à l'habileté du commerce et à l'industrie manufacturière ; il paraîtrait même que sensible aux faveurs dont la nature a comblé les dehors de Lyon, il veuille lui en témoigner sa reconnaissance, en y dépensant, préférablement à la ville, l'or qu'il gagne par beaucoup d'économie et de simplicité dans cette dernière.

* En quittant la Claire, nous nous trouvâmes à l'entrée du faubourg de Vaise, à la jonction des deux chemins de la Bourgogne et du Bourbonnais; l'on me fit remarquer la place d'une pyramide qui avait été élevée en l'honneur de Louis XVI, lors de l'achèvement de ces deux routes; elle était semblable à celle qui existait aussi à Fontainebleau, dans le carrefour où ces deux routes allaient se réunir. Les monstres qui vouèrent à la mort ce Prince aussi vertueux qu'infortuné, auraient voulu vouer également à l'oubli son intéressante et respectable mémoire, ainsi que tous les bienfaits de son règne; ils ont détruit ce monument; mais celui-là, comme tous les autres, subsistera à jamais dans le cœur des âmes sensibles et des Français généreux.

. Après avoir versé quelques larmes et jeté (mentalement) quelques fleurs sur cette route mémorable que le meilleur de nos Rois avait tracée, nous continuâmes: nous

---

* Ce qui est entre deux astériques a été imprimé sans la moindre altération dans un ouvrage de l'auteur sur Lyon, qui parut en 1810.

nous trouvâmes comme exprès pour entrete-
nir nos tristes pensées, auprès des ruines du
vieux Monastère des deux Amants.*

« Ce monument (dit un auteur moderne
» dans sa description du Lyonnais) était
» isolé, curieux, par sa forme simple, solide
» et belle; le plan en était carré; sur un socle
« s'élevaient quatre pilastres qui supportaient
» un entablement couronné de deux côtés
» par un fronton : l'entre-pilastre d'une des
» faces était muré; les autres trois faces
» étaient ouvertes. »

Ce monument ne portant aucune inscription, et la tradition seule lui ayant conservé
le nom des deux Amants, les savants se sont
épuisés en conjectures sur son origine. Paradin croit que ce fut le tombeau d'Hérode
et d'Hérodias. De Rubis, en se moquant de
la conjecture de Paradin, en donne une qui
n'est pas mieux fondée : il dit que ce tombeau est celui de deux époux chrétiens qui
vécurent ensemble dans une continence
perpétuelle; il confond ces amants de Lyon
avec les amants de Clermont dont Grégoire
de Tours nous a conservé l'histoire très dé-
taillée : on a cru aussi que c'était le tombeau

de deux affranchis, qui avaient eu pour maîtres deux prêtres d'Auguste, et qui portaient l'un et l'autre le nom d'Amandus. On appuyait cette vague conjecture sur une inscription antique trouvée dans le voisinage: enfin, une autre inscription qui porte ces mots :

Arvescus. Amandus. Frater. Sorori.
Karissimæ. Sibique. Amantissimæ.

a fait croire avec plus de fondement que ce tombeau était celui d'un frère et d'une sœur qui portaient tous les deux le nom d'Amandus, et qui se chérissaient tendrement.

On crut trouver quelques éclaircissements dans les fondements de cet édifice, et malgré les représentations de quelques hommes sages, on ne craignit pas, en 1707, de le démolir. Cette destruction a produit la perte d'un monument précieux, sans offrir aucuns des renseignements qu'on en attendait: c'est vraiment le cas de celui qui tua la poule aux œufs d'or.

Le tombeau des deux amants était autrefois une espèce d'autel où les amants sincères venaient se jurer un amour éternel: les amis y venaient aussi resserrer par un serment authentique les liens de leur attachement. Dans le roman de l'Astrée on fait dire à Hylas : « L'amitié de Periandre et de moi » prit cependant un si grand accroissement » que d'ordinaire on nous appelait les deux » amis ; et parce que nous désirions de la » conserver telle, afin de l'affermir davan- » tage, nous allâmes au sépulcre des deux » amants, qui est hors de la porte qui a pris » son nom de la pierre coupée (Pierre-en- » Scize); là, nous tenant chacun d'une main, » et de l'autre l'un des coins de la tombe, » nous fîmes, suivant la coutume du lieu, » les serments réciproques d'une fidelle et » parfaite amitié; appelant les ames de ces » deux fidèles amants pour témoins du ser- » ment que nous faisions. »

Sur l'emplacement du monastère des deux Amants fut bâti le couvent des cordeliers de l'Oratoire, dont il ne reste aujourd'hui que la carcasse, parce qu'il a, comme tous les bâtiments religieux, péri sous la faux ré- volutionnaire.

L'époque de sa fondation, faite en 1494, par Charles VIII, et Anne de Bretagne son épouse , est la seule raison qui peut le rendre un peu remarquable.

Ici l'Ecole Vétérinaire mérita notre attention ; elle occupe ajourd'hui l'Observance : c'est le premier établissement de ce genre formé en France. M. Bourgelat, né d'une famille noble de Lyon, et aussi recommandable par sa modestie que par ses vertus et ses talents, en fut le fondateur. Cette école fut instituée par un arrêt du conseil, du 5 août 1761, pour étendre les connaissances et perfectionner les traitements des maladies qui attaquent les chevaux et les autres animaux domestiques. Dès l'instant de sa naissance, cet établissement parut si favorable à l'agriculture, et rendit de si grands services dans les campagnes, en arrêtant les progrès des épizooties cruelles, que ses premiers succès lui méritèrent le titre d'Ecole Royale Vétérinaire, qu'il obtint par un arrêt du conseil du 31 juin 1764. Cette école fut établie d'abord au faubourg de la Guillotière ; on y forma un cabinet aussi curieux par l'ordre qui y régnait que précieux par le choix et le soin qu'on avait mis à le composer : la révolution ne l'a pas seulement endommagé, mais entièrement anéanti.

L'école a été négligée, on peut dire même abandonnée, pendant tout le temps de la tourmente révolutionnaire. Enfin , lorsque le calme a reparu , lorsque le gouvernement a pu s'occuper des choses utiles, ses premiers regards se sont jetés sur elle, et elle a été transférée au lieu qu'elle occupe aujourd'hui.

C'est au milieu des ruines de deux monastères , de l'Observance et des deux Amants, qu'a été rétablie cette école qui, depuis quelques années, a pris un accroissement rapide; et sous les rapports de l'organisation, et sous ceux de l'instruction et de l'embellissement, les réglemens les plus sages et les plus utiles y sont en vigueur. Un uniforme en fait distinguer les élèves; un directeur (1) respectable par ses qualités et ses connaissances y maintient l'ordre et surveille les mœurs, des professeurs habiles se distinguent dans l'enseignement. Déjà, enfin, avec les

______

(1) M. Bredin.

secours des différents ministres qui se sont succédés, les bâtiments ont été réparés et accrus. La pharmacie ainsi que le cabinet commencent à se former, des salles de démonstrations sont achevées, et un jardin botanique, tenu avec tout le soin, toute l'intelligence, et même tout l'ordre possible, présagent à cet établissement, sous l'autorité paternelle du meilleur et du plus désiré des Rois, un avenir glorieux.

En avançant dans le faubourg de Vaise, et à quelques pas de l'Observance, s'élève ce rocher qui succomba sous les coups d'Agrippa, gendre d'Auguste, pour attester à la postérité, comme tant d'autres lieux, la grandeur et le génie des Romains, et qui, de nos jours, a succombé encore sous les coups du vandalisme moderne, pour être une des cent mille peuves de ce que peut l'enthousiasme d'une fausse liberté.

Pierre-Scize, en latin *Petra excisa* (Pierre sciée) est un rocher qu'Agrippa fit scier pour ouvrir une porte à la ville du côté de Vaise, lorsqu'il fit construire quatre grands chemins pour faciliter l'envoi des troupes dans toutes les parties de l'empire. Lyon fut le centre de ces fameux chemins (appelés voies militaires), dont l'un était dirigé du côté du Vivarais et des Cévènes, et conduisait vers les Pyrénées ; l'autre allait vers le Rhin ; le troisième vers l'Océan, par le Beauvoisis et la Picardie ; le quatrième dans la Gaule Narbonnaise jusqu'aux côtes de Marseille.

Postérieurement, les archevêques étant devenus souverains de Lyon, firent long-temps leur demeure sur le rocher de Pierre-en-Scize, où ils avaient fait bâtir un château. (On y montait, du côté de la Saône, par un escalier de cent vingt marches, taillé dans le roc). Pendant les troubles de la Ligue, les ligueurs y enfermèrent quelques notables de la ville qu'ils appelaient royalistes.

Après le triomphe de ceux-ci, le duc de Nemours y fut emprisonné pour avoir tenté, pendant les mêmes troubles, de se rendre maître de Lyon et des provinces voisines.

Depuis lors jusqu'à la révolution, Pierre-en-Scize a continué de servir de prison d'état ; mais depuis le moment où le mot de liberté a été substitué à la chose, cette prison a eu le sort de toutes celles de la

France, en sorte que l'aspect de ce rocher n'offre plus à l'étranger qu'un site charmant, d'où l'on découvre une partie de la ville et de la campagne ; et aux peintres le morceau le plus pittoresque et le plus sauvage, au milieu d'une multitude d'habitations noires et désagréables.

Quelques auteurs prétendent qu'au onzième siècle, époque où Humbert, archevêque de Lyon, fit bâtir le château de Pierre-en-Scize, il y avait, entre le château et les murailles de la ville, un lac ou étang très-profond, formé par les eaux de la fontaine de Pierre-en-Scize; mais cet étang s'est comblé incessamment par la chute des terres que la pluie y a entraînées des fossés qui, en l'année 1368, furent creusés autour de la ville. L'archevêque exigea des citoyens de faire bâtir une forte muraille pour retenir la terre et les eaux ; mais cette muraille ne fut point faite, les eaux s'écoulèrent, et il ne reste plus de vestiges de cet étang.

Tout à côté de ce célèbre rocher en est un beaucoup moins élevé, et qui forme l'entrée de ce qu'on appelle Bourg-Neuf.

Sur le haut, on voit plantée, comme sur un piédestal, une longue et mauvaise statue en bois, bien noire et bien dégradée par le temps, qu'on appelle l'*Homme de la roche*.

La tradition veut que cette figure soit un monument que la reconnaissance du peuple érigea à *Jean Flebergue*, Allemand, conseiller de ville en 1548.

Il employait chaque année une somme considérable à marier les pauvres filles de ce quartier ; la bourse que sa main tenait avant que cette main tombât de vétusté, désignait effectivement la générosité de celui qu'elle représente. Cette figure, qu'on est obligé de renouveler après un certain laps de temps, l'est ordinairement par les habitants du Bourg-Neuf, qui la promènent dans toute la ville, au son des instruments, avant de la mettre sur la roche.

L'esprit et le cœur occupés de ces sentiments nobles, de ces augustes cérémonies inséparables de l'hommage qu'on rend aux vertus des hommes et aux bonnes œuvres par lesquelles ils se rendent recommandables, j'arrivai, sans m'en appercevoir, vis-à-vis du port de Neuville, d'où

Madame était partie pour aller à l'île Barbe; et ne m'étant proposé que de décrire les lieux que cette princesse a parcourus, j'engageai mon compagnon de voyage à finir nos observations sur la rive droite, et lui proposai de les reprendre le lendemain sur la rive gauche de la Saône, ce que nous fîmes en effet peu de jours après.

RIVE GAUCHE,

DEPUIS L'ILE BARBE,

JUSQU'AU PORT NEUVILLE,

OU

S'EST EMBARQUÉE MADAME.

RIVE GAUCHE.

La rive gauche de la Saône ne présente pas à l'œil ni cette variété, ni cette richesse de sol qu'on apperçoit sur la rive droite; mais les sites âpres, les beautés mâles et sévères qu'on y rencontre, lui donnent un caractère remarquable auquel je crois que beaucoup d'observateurs éclairés de la nature donneraient la préférence.

Nous reprîmes notre navigation sous les murailles du village de Cuires, à la gauche de l'île-Barbe.

Le village de Cuires est dans la plus heureuse situation; il occupe tout le penchant du coteau depuis la Croix-Rousse jusqu'au bord de la Saône.

Les historiens varient sur l'étymologie des noms de Cuires et de Caluire, villages en face l'île Barbe. Il en est qui prétendent que le premier doit son nom à son exposition brûlante pendant l'été, et le second à sa position à la cime de la montagne, et à ses avenues escarpées et pénibles; d'où ils font dériver le mot Cuires de l'action du soleil couchant sur ce village, et celui de Caluire du mot *Calvaire*, qui n'a pas besoin d'explication.

Le P. Ménétrier parle, à ce sujet, dans l'Histoire de Lyon, d'une manière plus précise et plus vraisemblable. Il dit que *Curius et Calvirius*, lieutenants de César, campèrent sur ces collines, et laissèrent leurs noms aux lieux qu'ils avaient habités, ainsi que *Marcellus, Cassilius, Lissius et Albinus* les laissèrent à Marcilly, Chasselay, Lissieux et Albigny, où ils firent momentanément leur demeure.

Depuis ce moment jusqu'à ce que les rois de Bourgogne devinssent les maîtres de cette partie de la Gaule, les terres de Cuires et de Caluire passèrent, comme toutes les autres, sous différentes dominations.

Elles ne sortirent des mains de ces derniers souverains que pour passer dans celles de l'église de Lyon. On voit qu'en 1232 l'archevêque Robert possédait le château de Cuires, dont il ne reste plus aujourd'hui qu'une vieille et triste masure, qu'on prétend avoir été achetée par un des riches propriétaires actuels de cette commune, afin de la démolir, et de procurer à sa maison une vue plus agréable.

Cet archevêque Robert fit, dans la même année 1232, un accord avec les abbés d'Ainai et de l'île Barbe touchant la garde de Cuires.

Cette garde était un droit féodal qu'exerçaient alors les seigneurs, et qui semble avoir été l'origine des charges de baillis, juges, etc., parce que les préposés nommés pour surveiller cette garde, s'appelaient Baillis ou Gardiateurs.

Cuires a depuis lors acquis beaucoup d'accroissement. Il n'est point de village autour de Lyon, qui puisse attester, comme celui-ci, ce que peut l'amour du travail secondé par l'industrie.

Toute cette colline est un chef-d'œuvre de la main des hommes.

Le sol le plus ingrat, hérissé de rochers, et de l'accès le plus difficile, se fait admirer par sa culture, et surtout par le nombre et le charme de ses maisons de campagne.

Celle de M. Merlino s'y fait remarquer sur toutes les autres.

Elle est bâtie avec cette grâce, cette élégance et cette pureté de style qui caractérisent tous les ouvrages de l'immortel Soufflot.

De toutes celles qui sont sur le bord de la Saône, il n'en est pas qui puisse à plus juste titre arrêter l'œil de l'amateur, et supporter l'examen scrupuleux de l'ami du goût et des arts.

Mais l'amant heureux de la nature, l'ami simple des champs, que trouve-t-il dans ces fastueuses demeures, dans ces jardins enchantés ?

Je ne dois pas taire cependant que la main habile qui a construit la maison de M. Merlino, a su la poser d'une telle manière, que de tous côtés elle a des points de vue ravissants. Le pavillon Muguet, les maisons Tallot, Tarpan, Aniel, Tansard - Montessui, ont aussi leurs charmes ; mais il en est une que l'on distingue : c'est celle de M. Ponchon (1).

_____

(1) Le nom de Ponchon est cher aux lettres et à la religion. Tout le monde connaît les *Quatre âges de la Femme*,

Je ne sais qui en a dirigé la construction ni dessiné les jardins, mais ils ne seraient pas déplacés auprès des campagnes dont les environs de la capitale sont ornés.

Cette maison-ci même semble avoir été bâtie sur le modèle de quelqu'une d'entre elles.

Malgré tous les attraits qu'offrent les diverses maisons que je viens de citer, il n'en est point que je préfère au paisible et modeste toit qui tombe sous les yeux du passant lorsqu'il est à la montée de Cuires; je veux parler de celui de madame veuve Goutel.

C'est une humble et timide violette au milieu des champs, qu'on pourrait involontairement fouler aux pieds, mais qu'on regretterait de n'avoir pas aperçue.

Un site calme et tranquille, un logement petit et simple; sur le côté, quelques arbres épais dont le couvert met à l'abri des chaleurs de l'été; tout autour, des champs, des légumes et des fruits; au pied du do-

---

ouvrage qui respire, ainsi que tous ceux de l'auteur, les principes les plus purs et la morale la plus douce et la plus chrétienne.

maine, la rivière ; derrière, la montagne.
Telle est la retraite que choisirait un sage ;
telle est la demeure d'une veuve respectable, et le tombeau d'un brave dont la mémoire sera toujours chère à tous les Lyonnais (M. Jean Goutel) (1). J'ai vu, avec
attendrissement et douleur, la place où
cet intrépide jeune homme mourut victime
de son dévouement pour le roi, et de
l'exemple qu'il avait juré de donner aux cou-
rageux compatriotes qu'il commandait (2).

J'ai vu, dans ce même lieu, les traces encore fumantes du carnage affreux qu'y fit
l'armée de Dubois-Crancé, dont l'un des
quartiers-généraux était au château de Montessui.

En admirant, de cette montée de Cuires,
le point de vue, qui est le plus beau des environs de Lyon, ces superbes contrées au
milieu desquelles la Saône coule avec com-
plaisance et tranquillité, ces pays abondants

---

(1) Il fut tué par une balle qu'il reçut à l'épaule, auprès
du cimetière de Cuires.

(2) Il était capitaine des grenadiers de la garde libre
lyonnaise.

et fertiles qui furent autrefois le domaine et la demeure d'un des généraux d'Auguste (1), et dont le produit contribua si puissamment à récompenser les troupes de cet empereur, je ne pus me défendre de réflexions tristes et mélancoliques.

J'avais devant mes yeux la plus belle nature; elle m'offrait l'action et la vie de toutes parts; et le sol d'où je l'admirais me présentait de tous côtés les souvenirs, l'horreur, et l'asile de la mort (2).

C'est en vain cependant que je m'efforçai de quitter cette place et de reprendre le chemin qui conduit à la rivière, pour continuer ma promenade; je me sentis entraîné comme malgré moi vers la maison Jouté, qui est de l'autre côté du chemin de la Croix-Rousse.

Mon compagnon avait appris qu'elle servait d'habitation à une famille respectable et distinguée, à une intéressante et malheureuse mère qui s'y nourrissait de douleur et de larmes (3).

____

(1) Licinius.

(2) Le cimetière de Cuires, où périt une multitude de braves Lyonnais qui y avaient une redoute.

(3) Madame de Sub....., originaire de St.-Hyppolite aux

Il m'avait dit qu'elle y conservait les restes précieux d'une fille chérie.

Je voulus voir cet autel consacré par la tendresse maternelle.

Sur le bord du chemin, et en face du cimetière, s'élève un petit pavillon isolé, d'où l'on domine sur la campagne et sur la rivière.

C'est là que reposent les cendres de cette jeune vierge ; un cercueil de plomb placé dans le milieu du pavillon les rénferme.

Tout autour de ce cercueil croissent de tristes cyprès, des arbres verts et des plantes funèbres.

Les murs du pavillon sont revêtus d'une étoffe toute blanche et sans ornement.

On lit à la tête du cercueil :

« Elle a été enlevée par Dieu qui l'aimait.
» Il a permis à une mère tendre de conser-
» ver ici sa dépouille mortelle, afin que la
» terre ne pressât et n'anéantît pas sitôt son
» petit corps. »

Cévennes. — Ceci est écrit depuis plusieurs années. Cette dame a épousé depuis un gentilhomme du Languedoc, et j'ignore si le monument existe encore.

Au pied est écrite cette touchante com-
plainte :

Vous qui savez sentir les charmes
De l'amour (1) et de ses malheurs,
Ames tendres, sensibles cœurs,
Qui connaissez le prix des larmes,
Venez partager ma douleur ;
Et qu'avec moi chacun s'écrie :
Hélas ! il n'est plus de bonheur
Où n'habite plus ma Sophie.

Humble toit, paisible retraite,
Où ma tendresse et mon amour,
Me consoleront chaque jour
De mon infortune secrète,
Vous serez pour moi désormais
Sans charme, sans ame et sans vie :
Le bonheur sera-t-il jamais
Où n'habitera plus Sophie !

Onde si pure, onde limpide,
Vous qui couliez si lentement ;
Qui fûtes son miroir souvent
Comme toujours je fus son guide,
Allez, coulez rapidement.
Oui..... quittez ce triste rivage.
Nous perdons tout en la perdant :
Moi, son amour ; vous, son image.

____

(1) Maternel.

Qu'elle est déchirante cette image! mais combien le sentiment ne lui prête-t-il pas de charme!...

« O mère tendre et malheureuse! ton cœur et ton ame tressaillent encore toutes les fois que tu pénètres dans ce religieux tombeau.

» Ta tristesse et ta douleur sont encore mêlées de quelque plaisir : une douce illusion abuse encore tes sens; tu crois la voir, lui parler et l'entendre; la mort ne semble pas te l'avoir entièrement ravie; tout ce qui t'entoure te fait croire à sa présence....

» Ah! puisses-tu jouir long-temps de cette illusion flatteuse! Il faut un cœur, une ame comme la tienne pour en sentir le prix. »

Je quittai ce petit temple, et repris ma promenade. En descendant la montagne, j'observai la superbe situation de la maison de M. Deschelettes. Rien ne me semble comparable à ce coup-d'œil; on découvre depuis Vaise jusqu'à Tarare.

C'est précisément l'étendue des domaines de Licinius, dont j'ai dit un mot.

Le père Ménétrier prétend que ce général avait acquis tous les pays contenus dans ces limites ; qu'il y opprima le peuple, et qu'il leva sur lui des contributions énormes qui lui procurèrent des richesses immenses. Ces vexations attirèrent sur lui la haine publique, et la jalousie particulière des autres officiers qui servaient sous ses ordres.

Il fut dénoncé à Auguste qui voulut par lui-même connaître la vérité.

Licinius, informé qu'Auguste devait se rendre dans ses terres, prévint cette visite en allant lui-même au-devant de cet empereur.

Auguste se rendit à l'invitation, et vint avec une cour nombreuse, au jour indiqué, dans la maison de Licinius, qui était située à Lissieux sur le Montors ou Mont-d'Or, et où l'on prétend qu'on en voit encore quelques traces.

A l'arrivée d'Auguste, Licinius ouvrit tous ses trésors, déclara toutes ses richesses, la manière dont il les avait acquises ; et se tournant vers l'empereur, il lui dit : « Ces » trésors sont à vous, seigneur ; vous pouvez » en disposer, puisque je ne les ai ramassés » que pour vous servir à conserver les forces » de Rome et à anéantir ses ennemis. »

Auguste ébloui, touché de la générosité de Licinius, changea son indignation en sentiment de reconnaissance et se servit de cet argent pour récompenser ses troupes et ses officiers, qui débaptisèrent cette montagne, et au lieu de Mont-Licinius, la nommèrent Mont-d'Or.

La maison de M. Deschelettes semble avoir été posée tout exprès au haut de la montée de Cuires, pour jouir du plus beau spectacle de la nature, et des souvenirs les plus intéressants que nous rappelle l'histoire de Lyon.

Beaucoup de gens lui reprochent la proximité et le désagrément de plonger dans le cimetière. Moi qui, comme *Young*, ne me trouve nulle part aussi bien qu'au milieu des tombeaux ; qui d'ailleurs pense qu'à chaque pas nous marchons au milieu des morts et sur les corps de nos frères, je trouve que c'est un avantage de plus pour elle.

C'est un *memente mori* qui ne saurait déplaire à celui qui est toujours prêt à mourir, et un avis à celui qui ne l'est pas de se tenir toujours en état de partir.

Quand M. Deschelettes aura le temps d'éparpiller quelques cent mille francs au dehors de cette maison, je puis certifier qu'il en fera le plus beau lieu des environs de Lyon.

En continuant à descendre la montagne, j'arrivai de nouveau sur le rivage, que je suivis jusqu'à la maison Ledoux, qui n'est séparée du grand chemin que par une muraille, et de la rivière que par le grand chemin.

La maison Ledoux est une jolie tabatière : c'est pour ainsi dire la petite maîtresse du canton; beaucoup de pompons et de fleurs, de petits labyrinthes, et quelques jolies allées, en font tout l'agrément et le charme.

Elle est située au pied du bois de la Caille, qui s'étendait autrefois sur toute la colline jusqu'à Cuires, mais dont on a coupé la plus grande partie pour y semer du bled ou planter des vignes.

Pernicieuse façon de voir en agriculture, dont la sagesse consiste à conserver comme des trésors précieux les bois et les forêts, surtout lorsqu'ils avoisinent les villes, qui en ont toujours besoin pour leur utilité, et à

5..

qui ils procurent en outre des promenades agréables.

Ce bois de la Caille fait partie de la maison de M. Vouty.

Si l'on en excepte les géants, les dragons et les enchantements, le conte le plus surprenant n'offre rien à l'imagination que n'éprouvât un homme qui, égaré dans les montagnes, sans guide et sans connaissance des lieux, arriverait à travers mille dangers à la maison de M. Vouty.

Les dehors et les avenues sont ceux d'un château merveilleux, d'une habitation de fée, ou de la demeure d'un enchanteur.

Comme dans tous les palais magiques, on arrive chez M. Vouty, d'un côté par des routes escarpées et tortueuses, à travers des terres mouvantes, sauvages et incultes; de l'autre, on n'y parvient qu'après des détours sans nombre, qui ressemblent à ceux d'un labyrinthe.

De toutes parts les entrées sont fermées par d'épaisses barrières, gardées par des portiers sévères, et défendues par des chiens dangereux.

La maison est située dans un bas-fond, au

milieu d'un clos immense, environné de hautes murailles.

Ce clos renferme des terres superbes, des bois magnifiques, des vignes abondantes, de charmantes prairies et de l'eau parfaite : il forme à lui seul un pays entier.

En considérant avec attention les bâtiments, je crus voir un de ces vieux châteaux qui furent l'ouvrage de la nécessité, où chaque seigneur vivait libre et indépendant, avec tout l'orgueil d'une supériorité reconnue et toute la licence d'une autorité arbitraire ; pour qui c'était assez d'avoir un fort pour mettre en sûreté sa femme et ses enfants contre les entreprises de ses voisins ; chez qui le voyageur, quel qu'il fût, en approchant du château, était interrogé du haut des créneaux, admis à la porte avec précaution, et introduit devant le petit monarque, que des hostilités continuelles rendaient cruel et soupçonneux, et qui, suivant son caractère habituel, ou son caprice, faisait asseoir l'étranger à sa table, ou l'enfermait dans un cachot comme un espion.

Tout prête dans cette maison à ces idées de féodalité ou de féerie : son isolement au

milieu de possessions immenses, sa construction demi-antique, sa haute tour, ses vestiges de pont-levis, ses fossés; enfin, les vé-
rités et les fables même qu'on débite sur
cette demeure.

Parmi ces fables il en est une que je ne
puis passer sous silence, et que l'on raconte
de plusieurs manières.

Un français, originaire de Lyon, avait
fait une fortune considérable en Allemagne,
et obtenu de grandes faveurs de la cour; il
y vivait depuis long-temps comblé de biens
et d'honneurs, lorsque le hasard lui procura
la connaissance d'une jeune personne, de
basse extraction à la vérité, mais d'une
beauté parfaite et d'une grâce accom-
plie. Il en devint éperduement amoureux
et l'épousa : cette union, fort bien assor-
tie dans d'autres temps, parut très-dé-
placée, par les circonstances et la position
où se trouvait le nouvel époux. Il fut donc
disgracié, perdit sa considération, son cré-
dit, et se vit obligé de quitter l'Allemagne.
Il revint dans sa patrie, se retira à Lyon,
et fit l'acquisition de la maison Vouty ac-
tuelle.

Il s'y établit avec son épouse ; elle était jeune, agréable, aimait le plaisir et le cherchait toujours sans pouvoir jamais le trouver dans cette solitude.

Elle sembla le rencontrer enfin dans la conversation d'un aimable commensal de son mari ; celui-ci interpréta mal sans doute des entretiens trop répétés ; et pour se délivrer de ces conversations qui lui devenaient trop importunes, il vint à bout, à l'aide de l'autorité et sous des prétextes supposés, de faire enfermer le jeune homme au château de Pierre-Scize. De son côté, il enferma lui-même sa femme dans la haute tour qu'on aperçoit encore aujourd'hui devant la maison, et qui, dit-on, a conservé depuis-lors le nom de Tour *de la belle Allemande.*

La chronique ajoute que le jeune homme, comme un autre Léandre, s'étant précipité du rocher de Pierre-Scize dans la Saône, afin de se sauver à la nage à l'autre bord, et parvenir à escalader la tour de la belle recluse, fut aperçu par les gardes du château ; ils tirèrent plusieurs coups de fusil dont un l'atteignit et le blessa mortellement, sous les yeux de son amante infortunée,

qui, du sommet de la tour , l'encoura-
geait du geste et de la voix à venir la
rejoindre.

Je n'ai recueilli et raconté cette fable que
parce qu'il fallait, en parlant de la maison
de la tour de la belle Allemande , pouvoir
dire au moins d'où lui venait ce nom.

Immédiatement après la maison de
M. Vouty, et toujours sur le bord de la
Saône, on, trouve la première barrière ; elle
est adossée contre une des possessions de
M. Deschamps, qui se prolongent jusqu'au
faubourg de Serin. La maison Deschamps
est simple, sans prétention, et n'annonce ni
le luxe ni le faste, mais une extrême propreté, une bonne tenue : des jardins potagers
bien soignés., des bois épais et considérables
qui couvrent le coteau au bas duquel elle se
trouve, lui méritent la préférence sur une
infinité d'autres.

Cette maison est le point de repos de tous
les bateaux et de toutes les bêches qui
viennent conduire aux campagnes voisines
ou jusqu'à l'île Barbe ; c'est là que les batelières sont dans l'usage de prendre la corde
qu'elles nomment vulgairement *virice*, et

avec laquelle elles se font remonter plus faci-
lement par un cheval, mais plus communément par des hommes ou des enfants, jusqu'au lieu de leur destination.

Tout le coteau que je viens de décrire est
entre les deux rivières et le faubourg de la
Croix-Rousse.

Ce faubourg fourmille de toutes parts de
petites maisons de plaisance, mais à l'excep-
tion de deux ou trois qui sont situées sur les
bords de l'une ou de l'autre rivière, je n'en
connais pas qui mérite une attention particulière. Celles qui sont dans les rues de l'Enfance et de Cuires, qui donnent par conséquent sur la Saône, sont les plus agréables.
Parmi celles-ci on peut voir avec plaisir,
celles de mademoiselle Combes, et de MM.
Servan. Les rues que je viens de nommer con-
duisent aux tapis, où sont les anciennes fortifications, dont je parlerai lorsque je serai
arrivé par le côté du faubourg de Serin où
elles viennent aboutir. L'entrée de Lyon du
côté de Serin n'est pas belle ; elle le paraît
encore moins, ce me semble, parce qu'on
passe tout à coup du plus beau pays de l'uni-
vers au milieu de maisons tristes, noires,
et surmontées de rochers horribles. Jus-

qu'aux approches des secondes barrières, elles sont hideuses et misérables ; et sont toutes, pour ainsi dire, ou des magasins de vins ou des cabanes de pêcheurs, ou la demeure des gens de rivière et des batelières conduisant la bêche ; tout le quai de Serin est rempli de ces dames ; c'est à elles que l'on doit souvent le plaisir de traverser agréablement par eau ce faubourg insupportable à passer par terre.

C'est aussi dans ce quartier qu'habite l'élite de ce corps vraiment recommandable par une honnêteté, une fidélité, une probité à toute épreuve. Lyon est la seule ville de France où les femmes exclusivement se soient livrées à cet état si peu fait pour leur sexe et leurs forces. Lyon est encore la seule ville où les promenades et les voyages sur l'eau aient toujours l'apparence et la réalité d'une partie de plaisir.

Dans tous les ports de mer, sur les autres rivières qui coulent dans l'intérieur, l'on a souvent à craindre les dangers de l'élément et toujours d'être conduit par un homme dur, grossier, sale, et même brutal ; à Lyon, au contraire, la Saône est un bassin à l'abri

de tous les orages, sur lequel on peut voya-
ger sans aucun risque, la bêche, une
agréable gondole dans laquelle toute une
famille, une société entière peuvent se réunir, et se promener sans crainte sous la conduite d'une femme toujours complaisante,
douce et polie, et très-souvent aimable et
jolie. Les bons observateurs prétendent que
dans ce moment les batelières de Serin se
distinguent sur toutes les autres par l'élégance de leur mise, leur prévenance recher-
chée, et les agréments de leur figure.

Arrivé à la seconde barrière, on aperçoit
les anciennes fortifications de la ville, qui
la fermaient et la défendaient, depuis les
bords de la Saône jusqu'aux rives du Rhône.

Ces fortifications, bâties avec le plus grand
soin et la plus grande solidité, furent com-
mencées dans le quatorzième siècle, et finies
en 1532. Elles essuyèrent de grands dom-
mages pendant la durée des guerres de religion qui désolèrent la France dans le quin-
zième siècle, et tombèrent même dans un
tel état de délabrement, qu'après la prise
de Lyon par le baron des Adrets, le comte
de Sault, qui commandait pour le Roi dans

cette ville, se plaignait à la cour de l'état de délabrement où elles se trouvaient.

Ce fut par ses sollicitations et ses réclamations réitérées qu'on vint à bout de les faire réparer.

Ces réparations furent poussées avec tant d'activité, que dans un très court espace de temps les fortifications furent remises dans l'état le plus respectable.

Ce fut peu de temps après que Charles IX vint faire un voyage à Lyon; il y fit son entrée le 15 juin 1564; et l'on jeta presqu'aussitôt les fondements de la citadelle pour mettre la ville à l'abri d'une nouvelle surprise. La peste faisait alors les plus grands ravages en France : elle emporta dans la seule ville de Lyon près de soixante mille ames; ce qui prouve quelle était alors la population de cette cité.

Il ne reste plus de ces remparts que des ruines et des débris, tristes témoins des derniers malheurs qui n'affligèrent que trop long-temps tout le royaume, et dont la ville de Lyon fut particulièrement le jouet et la victime. Une simple muraille de clôture (à-peu-près semblable à celle dont Paris est entouré), qu'on a construite pour empêcher l'introduction dans l'intérieur des objets soumis à l'octroi, semble devoir, à l'avenir, être le seul obstacle qui pourrait s'opposer à un ennemi, si la bravoure et l'intrépidité, et plus encore les cœurs des Lyonnais, n'en étaient pas d'insurmontables, et sur lesquels se repose avec raison le Roi désiré qui règne enfin sur nous.

Le premier pas que l'on fait dans la ville, après avoir passé cette muraille, ne présente que de vastes bâtiments destinés autrefois à des greniers ou magasins d'abondance, et qui servent aujourd'hui à des casernes ; des chantiers, des couvents, parmi lesquels on distinguait ceux de Sainte-Marie-des-Chaînes et de Saint-Benoît : tout le reste du quai, jusqu'au pont de Saint-Vincent, est occupé par les bureaux de coches et diligences d'eau, des magasins de farine, des cafés, etc. En total, je le répète, cette avenue n'annonce aucunement une ville ni aussi belle, ni aussi florissante que Lyon. Un objet qui mérite d'arrêter tous les regards, c'est les rochers contre lesquels toutes les maisons du quai dont je parle sont adossées, et sur lesquels s'élève l'ancienne citadelle, bâtie, comme je l'ai dit plus haut, par Charles IX, et démolie vingt ans après sous Henri III. M. Groslier de Servière, premier échevin, qui se trouvait alors à Paris, sollicita et obtint cette démolition, à condition que le consulat paierait au Roi quarante mille écus d'or, et qu'il acquitterait par la suite environ 3,000 livres de rente dont le roi était redevable aux anciens propriétaires du terrain sur lequel elle avait été construite.

Peu d'années après la démolition de la citadelle, ce terrain fut concédé aux chartreux. Ils édifièrent ce couvent et cette église qu'on voit encore aujourd'hui, et dont on admire la superbe position.

Ce qu'on n'a cessé de dire au sujet du dôme de cette église, de l'église même et des édifices adjacents, est, selon moi, bien au-dessous de la vérité.

La maison des Chartreux est un grand pavillon carré, isolé de toutes parts, et bâti sans aucune architecture ni luxe. L'église n'est point achevée, et ce qu'on y trouve de mieux c'est sa simplicité : quant au dôme, que j'ai beaucoup entendu vanter, il ne m'a paru, sous les rapports de l'art, qu'un morceau très ordinaire; les proportions en sont mesquines, les sculptures pauvres, et ce baldaquin dont l'autel est surmonté, m'a semblé dépourvu de cette richesse, de cette grâce, de cette élégance qu'exige un semblable ouvrage. Les colonnes qui supportent le couronnement sont tout uniment de marbre de Languedoc, marbre commun et peu riche. Le couronnement est en plâtre peint, et l'ensemble ne présente à l'œil qu'un travail très imparfait, bien au-dessous de tout ce que j'ai vu en ce genre. Ce qui me confirme dans l'idée que j'ai conçue de ce dôme et de ce baldaquin, c'est que j'ai entendu dire que M. Delamonce, qui en avait fait les premiers dessins, s'étant vu contrarié dans son opinion, les avait retirés, et abandonné l'exécution de cet ouvrage.

Le chœur mérite une attention plus particulière. Il a souffert beaucoup de dégradations, mais il est encore remarquable par sa grandeur, ses belles proportions, la manière dont il est éclairé, pavé, et par les stalles dont il est entouré, et qui sont d'une boiserie superbe et sculptée avec goût; mais quoique ce chœur soit bien mieux conservé que l'église et le reste du monastère , il est bien loin de produire sur les yeux et dans l'ame, ce céleste ravissement qu'on éprouvait autrefois en y entrant , lorsqu'il était peuplé de pieux cénobites qui le faisaient retentir de leurs chants religieux.

Je ne me souviens pas d'avoir été pénétré d'une plus grande vénération et d'un plus profond respect pour notre auguste religion, que le jour où je suis entré pour la première fois dans ce sanctuaire.

La majesté des cérémonies , la noble simplicité du chant et des prières , la modestie édifiante de ces zélés serviteurs de Dieu ; l'ordre, la propreté, le silence qui les entourait, tout, dans ces lieux sacrés , sut imprimer dans mon cœur un souvenir ineffaçable et plein d'une ineffable douceur.

J'étais venu tout exprès pour voir dans cette Chartreuse dom S...., l'un de mes compatriotes. Je fus empressé de l'interroger sur son sort , et voici comme il s'expliqua :

« Il y a vingt ans que je suis ici , me dit-il ; la marche du soleil n'est pas plus pure et plus régulière que le cours de notre vie. Du pain , des légumes et de l'eau , telle est notre nourriture. Tous nos jours, en apparence si monotones ou si pénibles, s'écoulent tranquilles et riants comme les eaux d'un ruisseau qui serpente dans une prairie semée de fleurs; ils sont remplis (selon le vœu de la nature, qui ne fait germer le plaisir que dans le champ du travail et de la vertu) de prières et d'occupations conformes à nos goûts, à nos talents, à nos moyens: et lorsque le soleil a cessé d'éclairer l'horizon, nous nous retirons dans nos tranquilles demeures, où un peu de paille étendue sur quelques planches, nous sert à prendre, la nuit, un repos toujours exempt des troubles qu'entraînent après eux les regrets ou les remords.

» Ah! s'il m'était permis de faire un vœu, ce serait bien qu'une telle succession de choses fût éternelle; mais la première et la plus sainte de nos pensées, est non-seulement la résignation à l'ordre établi par l'Etre-Suprême, mais le désir sincère que cet ordre ne soit jamais troublé : ainsi, les maladies, la douleur, les chagrins, la mort, étant des dépendances de la vie, loin de murmurer lorsqu'ils arrivent, nous bénissons le Dieu de sagesse et de bonté qui nous arme du courage nécessaire pour les supporter.»

On peut juger par la réponse de ce bon religieux à mes questions, quel était l'esprit de sagesse et de vertu dont était animé l'ordre des chartreux.

Pourquoi donc leurs cloîtres paisibles et saints, qui prêtaient à l'homme dégoûté du monde, à la jeunesse abusée, aux coupables même des retraites honorables, et des asyles heureux, n'ont-ils pas survécu à tous les maux dont la religion fut accablée? Qui mieux que le défenseur des autels, l'observateur fidèle du culte de nos pères, peut apprécier et sentir l'utilité, l'importance dont peut être à l'état, sous le rapport des mœurs, de l'agriculture et des arts, un ordre aussi édifiant par sa conduite et par ses exemples, aussi noble par ses institutions, aussi recommandable par sa bienfaisance?

Lorsqu'on adressait à une multitude de corporations des reproches quelquefois mérités, entendit-on jamais un murmure contre ces vénérables anachorètes? Lorsqu'une infinité de congrégations se distinguaient par leur luxe, leur opulence, leur mollesse, vit-on les chartreux s'écarter jamais de leur austérité, de leur vie laborieuse et de leur charité? — Oui, la charité fut toujours la base de toutes leurs actions; cette douce et modeste fille du Ciel les portait à étendre un voile sur la faiblesse de leurs frères, à inspirer un salutaire repentir, à essuyer leurs larmes, prévenir leur désespoir, soutenir leur courage, et sacrifier en riant tous leurs moments à leur bonheur. O vertu des vertus! source d'autant de biens dans la société que l'égoïsme y répand de maux! dans quel siècle fut-il plus nécessaire de te connaître et de te pratiquer pour arrêter les funestes et rapides progrès de cet égoïsme?

Si l'hospitalité, l'indigence et le malheur durent beaucoup à la charité des chartreux, l'agriculture et les arts ne durent pas moins à leur industrie et à leur travail. Par eux, les pays les plus sauvages, les sites les plus âpres, les rochers les plus inanimés, furent embellis, cultivés et vivifiés; par eux, la France et les nations voisines et lointaines furent enrichies d'inventions et d'ouvrages qui sortaient de leurs mains industrieuses et habiles.

Qu'on interroge ces déserts horribles de la grande Chartreuse à Grenoble; les rochers brûlants et arides de Villeneuve - lès - Avignon; ces bords escarpés et ravagés par la Durance à Bon-pas!.... Qu'on interroge ces

rochers incultes où repose la Chartreuse
de Lyon dont je parle ! ils diront tous
qu'ils durent leur culture, leur fertilité,
leur magnificence aux efforts redoublés, aux
soins toujours renaissants, au travail toujours constant de ces religieux.

Mais où m'entraîne une prédilection, bien
méritée à la vérité, pour un ordre qui n'est,
qui ne sera peut-être plus ? Ne me soupçon-
nera-t-on point d'avoir quelque vocation pour
me faire chartreux, s'ils existaient encore ?...
Eh ! pourquoi non ? Je n'ai garde de m'en
défendre. Le monde a-t-il rien qui puisse
mieux nous attacher que la vie douce et paisible que menaient ces bons solitaires ?

Au reste, tout ce que j'en dis sont des désirs
sans doute inutiles ; mais s'il est possible de
les voir s'accomplir, je serai un des premiers
à venir habiter la belle Chartreuse de Lyon.

Nous nous arrêtâmes au pied de ce
monastère, puisque c'est là que s'arrêta
aussi MADAME, et nous renvoyâmes à d'autres temps à visiter en détail l'heureuse cité
qui vient d'être l'objet de toutes les prédi-
lections d'un prince et d'une princesse dont
les Lyonnais ne cesseront de porter le souvenir dans leurs cœurs.